BEI GRIN MACHT SICH IHR WISSEN BEZAHLT

Bibliografische Information der Deutschen Nationalbibliothek:

Die Deutsche Bibliothek verzeichnet diese Publikation in der Deutschen National-
bibliografie; detaillierte bibliografische Daten sind im Internet über http://dnb.d-
nb.de/ abrufbar.

Dieses Werk sowie alle darin enthaltenen einzelnen Beiträge und Abbildungen
sind urheberrechtlich geschützt. Jede Verwertung, die nicht ausdrücklich vom
Urheberrechtsschutz zugelassen ist, bedarf der vorherigen Zustimmung des Verla-
ges. Das gilt insbesondere für Vervielfältigungen, Bearbeitungen, Übersetzungen,
Mikroverfilmungen, Auswertungen durch Datenbanken und für die Einspeicherung
und Verarbeitung in elektronische Systeme. Alle Rechte, auch die des auszugsweisen
Nachdrucks, der fotomechanischen Wiedergabe (einschließlich Mikrokopie) sowie
der Auswertung durch Datenbanken oder ähnliche Einrichtungen, vorbehalten.

Impressum:

Copyright © 2015 GRIN Verlag, Open Publishing GmbH
Druck und Bindung: Books on Demand GmbH, Norderstedt Germany
ISBN: 9783668319097

Dieses Buch bei GRIN:

http://www.grin.com/de/e-book/341899/theodor-fontanes-der-stechlin-uebersicht-
und-analyse

Carmen Peresich

Theodor Fontanes "Der Stechlin". Übersicht und Analyse

GRIN Verlag

GRIN - Your knowledge has value

Der GRIN Verlag publiziert seit 1998 wissenschaftliche Arbeiten von Studenten, Hochschullehrern und anderen Akademikern als eBook und gedrucktes Buch. Die Verlagswebsite www.grin.com ist die ideale Plattform zur Veröffentlichung von Hausarbeiten, Abschlussarbeiten, wissenschaftlichen Aufsätzen, Dissertationen und Fachbüchern.

Besuchen Sie uns im Internet:

http://www.grin.com/

http://www.facebook.com/grincom

http://www.twitter.com/grin_com

Institut für Germanistik
Fakultät für Kulturwissenschaften

THEODOR FONTANES *DER STECHLIN*

Referat

Sommersemester 2015

Carmen Peresich

Henri Théodore (Theodor) Fontane wurde am 30.12.1819 geboren und wuchs in materiell gesicherten Verhältnissen auf.[1] Ausführung über Fontanes „wechselvolle Biographie"[2] müssen an dieser Stelle ausgespart bzw. auf ein absolutes Minimum beschränkt werden. Es sei aber darauf hingewiesen, dass Fontanes wichtigste literarische Leistungen in seinem letzten Lebensdrittel entstanden.[3] Außerdem zählte Fontane zu den ersten Autoren, die ihren Lebensunterhalt ausschließlich mit dem Schreiben verdienen konnten.[4] Dies war nicht zuletzt aufgrund der unvergleichlich lukrativen Honorare, die für Vorabdrucke bezahlt wurden, möglich.[5]

1848 nahm Fontane an den Barrikadenkämpfen in Berlin teil und begann wenig später, revolutionär-demokratische Beiträge in der „Berliner Zeitungshalle" zu veröffentlichen.[6] Mauelshage merkt hierzu an, dass eben diese Beiträge zeigen, dass Fontane kein Revolutionär gewesen sei, denn „er verleiht seiner Anhängerschaft an das *alte* Preußen, an *dessen* Militär- und Kriegswesen Ausdruck, nicht aber demokratisch-antipreußischen Gesinnungen."[7] Craig betont, dass Fontanes Rolle als Revolutionär eine bescheidene war. Er habe lediglich als radikaler Journalist die Revolution mit seinen Zeitungsartikeln zu verteidigen versucht.[8] Außerdem habe Fontane nur sporadisch Interesse an der Politik gezeigt und sich nie eingehender mit ihr auseinandergesetzt.[9]

Der Stechlin entstand in der Zeit von November 1895 bis Juli 1897. Der Stechlich erschien als Vorabdruck in „Über Land und Meer" 1897/98, der Erstabdruck erschien im Oktober 1898 im Friedrich Fontane & Co. Verlag in Berlin,[10] einen Monat nach Fontanes Tod.[11]

---

[1] vgl. Claudia Mauelshage: Vita Theodor Fontane. In: Text + Kritik. Zeitschrift für Literatur (1989). Sonderband. Theodor Fontane. S. 242-258. S. 243
[2] Hugo Aust: Theodor Fontane. Ein Studienbuch. Tübingen und Basel: A. Francke Verlag, 1998. S. 9
[3] vgl. Mauelshage, 1989: S. 242
[4] vgl. Rudolf Helmstetter: Die Geburt des Realismus aus dem Dunst des Familienblattes. Fontane und die öffentlichkeitsgeschichtlichen Rahmenbedingungen des Poetischen Realismus. München: Wilhelm Fink Verlag, 1997. S. 33
[5] vgl. ebd.: S. 37
[6] vgl. Aust, 1998: S. 213
[7] Mauelshage, 1989: S. 248
[8] vgl. Gordon A. Craig. Über Fontane. München: C. H. Beck, 1997. S. 130
[9] vgl. ebd.: S. 150
[10] vgl. Aust, 1998: S. 178
[11] vgl. ebd.: S. 220

Ein Zeit- oder Gesellschaftsroman zielt darauf ab, das Bild einer Gesellschaft, ihrer Zeit und ihrer Probleme zu entwerfen. Dies geschieht häufig in gesellschaftskritischer Absicht.[12] Fontane verstand sich selbst als Realisten, auch wenn er nie eine Programmatik des Realismus lieferte. Vielmehr hat er sich in Aufsätzen, Rezensionen, Theaterkritiken und Briefen dahingehend geäußert, dass er sich als Realisten sah.[13] Seiner Auffassung nach muss die realistische Literatur zwar konsequent von der Realität ausgehen, darf sich aber nicht bedingungslos an sie binden. Realität ist demzufolge der Ausgangspunkt bzw. das Material des künstlerischen Schaffensprozesses, welche vom Autor subjektiv gedeutet werden muss.[14]

Fontane selbst bezeichnete den *Stechlin* wiederholt als einen Zeitroman. Seiner Auffassung nach hat ein Zeitroman das Stoffliche preiszugeben und die Handlung im Gespräch aufzulösen; in anderen Worten: das Hauptaugenmerk liegt auf der Darstellung, nicht auf dem Inhalt.[15] Fontane formulierte dies so:

> Die Mache! Zum Schluß stirbt ein Alter und zwei Junge heiraten sich; - das ist so ziemlich alles, was auf 500 Seiten geschieht. Von Verwicklungen und Lösungen, von Herzenskonflikten oder Konflikten überhaupt, von Spannungen und Überraschungen findet sich nichts. Einerseits auf einem altmodischen märkischen Gut, andererseits in einem neumodischen gräflichen Hause (Berlin) treffen sich verschiedene Personen und sprechen da Gott und die Welt durch. Alles Plauderei, Dialoge, in dem sich die Charaktere geben, und mit ihnen die Geschichte. Natürlich halte ich dies nicht nur für die richtige, sondern für die gebotene Art, einen Zeitroman zu schreiben, bin mir aber gleichzeitig nur zu sehr bewußt, daß das große Publikum sehr anders denkt und Redaktionen – durch das Publikum gezwungen – auch.[16]

Aust vermerkt zu Fontanes Realismusauffassung folgendes:

> Was immer er unter >Verklärung< verstanden haben mag (Lösungsperspektiven, Humor etc.), sein Realismus erschöpft sich nicht im Akt der Widerspiegelung, sondern konstituiert eine ebenso wiedererkennbare wie befremdlich bzw. erst noch zu schaffende Welt, die infolge eines überaus diffizilen Verweisungsgeflechts sichtbar

---

[12] vgl. Otto F. Best: Handbuch literarischer Fachbegriffe. Definitionen und Beispiele. Frankfurt am Main: Fischer Taschenbuch Verlag, 2004. S. 201
[13] vgl. Valentin Müller: Das Bild des Adels in Theodor Fontanes „Der Stechlin". Alpen-Adria-Universität Klagenfurt: Diplomarbeit, 1990. S. 3
[14] vgl. ebd.: S. 5
[15] vgl. ebd.: S. 20 f.
[16] Wolfgang Hädecke: Theodor Fontane. Biographie. München/Wien: Carl Hanser, 1998. S. 380

wird; zahllose Wirklichkeitspartikel nehmen aufeinander Bezug und geben sich wechselseitig Bedeutung.[17]

Der Zeitbezug des *Stechlin* wird insbesondere durch die Tatsache deutlich, dass zahlreiche Zeitgenossen Fontanes aus den Sphären Politik, Kunst und Wissenschaft im Roman vertreten sind.[18] Neben den Auftritten zeitgeschichtlicher Persönlichkeiten enthält *Der Stechlin* auch zahlreiche aktuelle Bezüge auf historische Gegebenheiten.[19]

Über die Frage, ob *Der Stechlin* ein Zeitroman oder ein politischer Roman sei, wurde in der Sekundärliteratur ausführlich und häufig diskutiert.[20] Fontane hat den *Stechlin* auch als politischen Roman angekündigt,[21] so zum Beispiel in einem Brief im Dezember 1895 an Paul Schlenther, in dem er von einem kleinen politischen Roman spricht, den er noch vor Weihnachten vollenden wolle.[22] Ob dieser Ankündigung verwundert es, dass die Politik im Roman nur sehr behutsam angesprochen wird. Politische als auch soziale Probleme der Zeit, insbesondere jene, die den vierten Stand betreffen, werden zwar durchaus im Roman behandelt, kommen aber nur[23] „in der durch das Medium des Gesprächs gedämpften Form zur Sprache."[24] Nicht der Wahlkampf, ein Streit der Meinungen oder die siegreiche Arbeiterpartei werden gezeigt,[25] „sondern das unbekümmerte Vergessen der konservativen Niederlage bei Wein und ‚guten Einfällen' werden vorgeführt."[26] Der Name Wilhelms II., des letzten deutschen Kaisers, wird sogar konsequent verschwiegen,[27] obwohl der Kaiser indirekt immer wieder präsent ist.[28] Betrachtet man Fontanes Korrespondenz der neunziger Jahre genauer, so zeigt sich, dass er dem jungen Kaiser mit schwindender Sympathie gegenüberstand, ihn aber intensiv beobachtete.[29] Obwohl dem Kaiser selbst ausgewichen wird, wird dennoch Kritik an ihm geübt. Dies zeigt sich beispielsweise in einer Äußerung

---

[17] Aust, 1998: S. 21 f.

[18] vgl. Müller, 1990: S. 22

[19] vgl. Peter Hasubek: „… wer am meisten red't ist der reinste Mensch". Das Gespräch in Theodor Fontanes Roman „Der Stechlin". Berlin. Erich Schmidt, 1998 (= Philologische Studien und Quellen, H. 152). S. 21

[20] vgl. ebd.: S. 13

[21] vgl. Müller, 1990: S. 24

[22] vgl. Hädecke, 1998: S. 379

[23] vgl. Müller, 1990: S. 24

[24] ebd.

[25] vgl. Paul Irving Anderson: *Der Stechlin*. Eine Quellenanalyse. In: Christian Grawe: Interpretationen. Fontanes Novellen und Romane. Stuttgart: Philipp Reclam jun., 1991. S. 243-274. S. 258 f.

[26] ebd.: S. 259

[27] vgl. Gisela Brude-Firnau: Beredtes Schweigen: Nichtverbalisierte Obrigkeitskritik in Theodor Fontanes *Stechlin*. In: Monatshefte. Vol. 77 (1985), No. 4, S. 460-468. S. 460

[28] ebd.: 461

[29] vgl. ebd.

Dubslavs über Staatsoberhäupter, die Geschenke verteilen:[30] „Ich kann das >Schenken< eigentlich nicht leiden, es hat so etwas von Bestechung und sieht aus wie'n Trinkgeld Und Trinkgeld ist noch schlimmer als Bestechung und paßt mir eigentlich ganz und gar nicht."[31] Kaiser Wilhelm II. pflegte mit Kisten voller Geschenke auf Reisen zu gehen und verfuhr mit diesen oft äußerst taktlos.[32]

Gespräche im Stechlin

„Fontane gilt als der unerreichbare Meister der Konversation."[33]

Etwa zwei Drittel des Romans sind Gespräche.[34] Im *Stechlin* wird „eigentlich nicht mehr auktorial erzählt. Der auktoriale Gestus ist gleichsam nur noch die formale Klammer um ein Geflecht von Konversationen, die die erzählte Welt multiperspektivisch vermitteln."[35] Gegen das des öfteren vorgebrachte Argument der Verselbständigung der Gespräche ist anzumerken, dass diese vorne und hinten sozusagen abgeschnitten sind. Das bedeutet, dass der Erzähler bestimmte Teile aus den Unterhaltungen auswählt, wodurch Schwerpunkte im Ablauf der Sequenz sowie des Romangeschehens gesetzt werden. Da die Gespräche zudem thematisch mit anderen Romanteilen verknüpft sind, entsteht ein Beziehungsgeflecht.[36] Durch die Dominanz des Gesprächs dominieren die Figuren während der Erzähler als unsichtbarer Part an den Gesprächen teil hat und diese für den Leser aufzeichnet.[37] Daraus folgend kommt der Figurencharakterisierung durch den Erzähler nicht viel Raum zu und die Charakterisierung der einzelnen Figuren vollzieht sich teilweise im Gespräch. Dies wiederum erfolgt auf zwei verschiedene Arten: einerseits durch perspektivische Äußerungen anderer Figuren, andererseits durch ihre eigenen Aussagen.[38] Eine große Anzahl des Figureninventars wird vor ihrem Erstauftritt überhaupt nicht durch den Erzähler porträtiert.[39] Woldemar, Rex, Lorenzen, Melusine und andere lernt der Leser erstmals kennen, weil andere über sie sprechen.[40] Auch das Selbstgespräch wird im *Stechlin* zur Figurencharakterisierung genutzt.[41]

---

[30] vgl. ebd.: S. 464
[31] Fontane, 2011: S. 263
[32] vgl. ebd.
[33] Reiner Ruffing: Deutsche Literaturgeschichte. München: Wilhelm Fink, 2013. S. 176
[34] vgl. Müller, 1990: S. 43
[35] Benedikt Jeßing: Neuere deutsche Literaturgeschichte. Eine Einführung. 2., überarbeitete und erweiterte Auflage. Tübingen: Narr, 2014. S.
[36] vgl. Hasubek, 1998: S. 116
[37] vgl. ebd.: S. 192
[38] vgl. ebd.: S. 114
[39] vgl. Müller, 1990: S. 50
[40] ebd.: S. 51
[41] vgl. Hasubek, 1998: S. 179

Hasubek hält dazu fest, dass mit der Gesprächsform zwangsläufig der Gebrauch der Perspektiventechnik verbunden sei.[42] Dies zeigt sich insbesondere in den Nachgesprächen, die einen recht großen Raum im Werk einnehmen. Sie sind kein bloßer Anhang zum eigentlichen Gespräch,[43] sondern erfüllen die Funktion der Charakterisierung der Gesprächsteilnehmer aus perspektivischer Sicht indem die sprechenden Figuren basierend auf ihrer persönlichen und subjektiven Einschätzung heraus die besprochenen Personen beurteilen.[44]

„Im Gespräch vollzieht sich eben jene Zeitdarstellung, Zeitdiagnose und Zeitkritik, die für den Zeitroman Fontanescher Prägung charakteristisch ist. Damit ist zumindest punktuell eine wesentliche Funktion des Gesprächs bei Fontane erwiesen."[45] Die Gespräche erlauben es, schnell von einem Thema zum nächsten zu gehen und dabei Stoff mit wenigen Worten zu aktivieren. Dadurch konnte eine große Zahl von Themen, die Ende des 19. Jahrhunderts von Interesse waren, in den Roman eingebaut werden.[46] Solheim vermerkt hierzu: „Fontanes komplexe Rhetorik führt dazu, dass er in seinem Geschichtsdenken und seiner Geschichtsdarstellung die Vergangenheit immer aus vielen Perspektiven betrachtet."[47] Dies verweist auf die Tatsache, dass in den Gesprächen auch Figuren unterschiedlicher Stände zusammentreffen. Dadurch können unterschiedliche Haltungen und Aspekte in die Gespräche eingebracht werden.[48]

Zuletzt sei darauf hingewiesen, dass das Gespräch im Grunde den einzigen Lebensinhalt der adeligen Figuren darstellt[49] – „in der Konversation besteht ihre einzige nennenswerte Aktivität."[50]

Interpretation

Der Stechlin gliedert sich in Erzählblöcke, die räumlich-geographisch, thematisch und bedingt durch die Personenkreise in mehrere Kapitel zu größeren Einheiten zusammenfassen und deren Überschrift meist schon den zentralen Aspekt des Erzählblockes beinhaltet.[51] Die

---

[42] vgl. ebd.: S. 83
[43] ebd.: S. 142
[44] vgl. ebd.: S. 145
[45] ebd.: S. 118
[46] vgl. ebd.: S. 221
[47] Birger Solheim: Zum Geschichtsdenken Theodor Fontanes und Thomas Manns oder Geschichtskritik in *Der Stechlin* und *Doktor Faustus*. Würzburg: Königshausen & Neumann, 2004. S. 78
[48] vgl. Hasubek, 1998: S. 113
[49] vgl. Müller, 1990: S. 44
[50] ebd.
[51] vgl. Hasubek, 1998: S. 105

Übergänge zwischen diesen Erzählblöcken sind fließend. So enthalten sie am Beginn Rückbezüge auf den vorhergehenden Erzählblock und deuten am Ende bereits auf den nächsten Erzählblock voraus. Jedem der Erzählblöcke ist ein thematischer Schwerpunkt eigen.[52] Metaphorisch gesprochen bilden die Erzählblöcke ein Mosaik.[53]

Zur Struktur des *Stechlin* ist anzumerken, dass das Romankonzept auf dem Prinzip des Kontrastes basiert. Dennoch kommt es nie zu einer Konfrontation der Gegensätze, sondern zu einer Relativierung der Spannung, sodass ein Schwebezustand der Positionen entsteht.[54] Betrachtet man das Figureninventar des *Stechlins* genauer, so zeigt sich, dass sie sich großteils paarweise gegenüberstehen: Dubslav Stechlin ist ein eingesessener Junker während Graf Barby ein welterfahrener Diplomat ist, die Domina Adelheit von Stechlin kontrastiert mit der Gräfin Melusine von Barby etc.[55]

Renz interpretiert Dubslav Stechlins Museum als ein Spiegelbild des ganzen Romans. Das Museum enthält Sammelobjekte und Faktisches, die heiter angeordnet sind. Analog dazu betreibe der Roman ein heiteres Spiel der Anekdoten in der sich das Sowohl-als-Auch der Erzählung, also die Notwendigkeit zur Entscheidung und die Entscheidungslosigkeit der endlosen Causerien, zeige.[56]

Alt versus Neu

Der Inbegriff des Kampfes zwischen Neuem und Altem ist die Wahl, in der Dubslav leidenschaftslos für die Konservativen kandidiert.[57] Wie Dubslav den Sozialdemokraten und dem Neuen gegenübersteht, zeigt sich bereits im 1. Kapitel:

> Ganz oben eine Plattform mit Fahnenstange, daran die preußische Flagge wehte, schwarz und weiß, alles schon ziemlich verschlissen. Engelke hatte vor kurzem einen roten Streifen annähen wollen, war aber mit seinem Vorschlag nicht durchgedrungen. „Laß. Ich bin nicht dafür. Das alte Schwarz und Weiß hält gerade noch; aber wenn du was rotes dran nähst, reißt es gewiß."[58]

---

[52] vgl. ebd.: S. 106 f.
[53] vgl. ebd.: S. 109
[54] vgl. ebd.: S. 104
[55] vgl. Müller, 1990: S. 32
[56] Christine Renz: Geglückte Rede. Zu Erzählstrukturen in Theodor Fontanes *Effi Briest, Frau Jenny Treibel* und *Der Stechlin*. München: Wilhelm Fink Verlag, 1999. S. 121 f.
[57] vgl. Eric Miller: Der Stechlinsee: Symbol und Struktur in Fontanes Altersroman. In: The Journal of English and Germanic Philology. Vol. 97 (1998), No. 3, S. 352-370. S. 363
[58] Fontane, 2011: S. 12

Die Farbe Rot als Symbol für das Neue (und die Sozialdemokratie) begegnet dem Leser im Werk noch häufiger. So z.B. gegen Ende des Werkes. In einer Szene vertreibt Dubslav Stechlin seine Schwester Adelheid, die der Inbegriff des Alten ist, aus dem Haus. „Ich gelte schon für leidlich altmodisch, aber du, du bist ja geradezu petrefakt."[59] An ihrer Stelle nimmt er Agnes, die zehnjährige Enkelin der Buschen auf, an deren Strümpfen Agnes sich stößt:

> „[…] Aber ich sehe dir's an, das Eigentliche, was dich aufregt, das ist nicht die Buschen und ist auch nicht die Karline, das sind bloß die roten Strümpfe. Warum bist du so sehr gegen die roten Strümpfe?"
> […]
> „Sie sind ein Zeichen von Ungehörigkeit und Verkehrtheit. […] sie sind ein Zeichen davon, daß alle Vernunft aus der Welt ist und alle gesellschaftliche Scheidung immer mehr aufhört. Und das alles unterstützt du. Du denkst wunder, wie fest du bist; aber du bist nicht fest und kannst es auch nicht sein, denn du steckst in allerlei Schrullen und Eitelkeiten. […]"
> […]
> „[…] Ich aber wiederhole dir, diese roten Strümpfe, sie sind ein Zeichen, eine hochgehaltene Fahne."[60]

Die Aufgeschlossenheit für Neues wird sich insbesondere im 29. Kapitel im Gespräch zwischen Pastor Lorenzen und Gräfin Melusine von Barby thematisiert.[61] Melusine ist dem Neuen gegenüber sehr aufgeschlossen: „Alles Alte, soweit es Anspruch darauf hat, sollen wir lieben, aber für das Neue sollen wir recht eigentlich leben."[62] Pastor Lorenzen prognostiziert den Niedergang des Adels und den Anbruch des Zeitalters der Demokratie.

> Ich liebe, hab auch Ursach' dazu, die alten Familien und möchte beinah glauben, jeder liebt sie. Die alten Familien sind immer noch populär, auch heute noch. Aber sie vertun und verschütten diese Sympathien, die doch jeder braucht, jeder Mensch und jeder Stand. Unsre alten Familien kranken durchgängig an der Vorstellung, >daß es ohne sie nicht gehe<, was aber weit gefehlt ist, denn es geht sicher auch ohne sie; - sie sind nicht mehr die Säule, die das Ganze trägt, sie sind das alte Stein- und Moosdach, das wohl noch lastet und drückt, aber gegen Unwetter nicht mehr schützen kann. Wohl möglich, daß aristokratische Tage mal wiederkehren, vorläufig, wohin wir sehen, stehen wir im Zeichen einer demokratischen Weltanschauung. Eine neue Zeit bricht an. Ich glaube, eine bessere und eine glücklichere.[63]

---

[59] ebd.: S. 333
[60] ebd.: S. 415
[61] vgl. Walter Müller-Seidel: Spätwerk und Alterskunst. Zum Ort Fontanes an der Schwelle zur Moderne. In: Evangelische Akademie Baden (Hg.): „Was hat nicht alles Platz in eines Menschen Herzen …". Theodor Fontane und seine Zeit. Karlsruhe: Verlag Evangelischer Presseverband für Baden e.V., 1992. S. 120-151. S. 150
[62] Fontane, 2011: S.317
[63] ebd.: S. 321

Im Gespräch mit Melusine thematisiert Lorenzen außerdem, was die neue Zeit für die Menschen konkret bedeutet:

> Der Hauptgegensatz alles Modernen gegen das Alte besteht darin, daß die Menschen nicht mehr durch ihre Geburt auf den von ihnen einzunehmenden Platz gestellt werden. Sie haben jetzt die Freiheit, ihre Fähigkeiten nach allen Seiten hin und auf jedem Gebiete zu betätigen. Früher war man dreihundert Jahre lang ein Schloßherr oder ein Leinenweber; jetzt kann jeder Leinenweber eines Tages ein Schloßherr sein.[64]

Pastor Lorenzen äußert sich (an anderer Stelle) aber auch durchaus skeptisch der neuen Zeit gegenüber: „Nicht so ganz unbedingt mit dem Neuen. Lieber mit dem Alten, soweit es irgend geht, und mit dem Neuen nur, soweit es muß."[65] Skepsis, bzw. das Abwägen von Pro und Contra zeigen sich nicht nur bei Pastor Lorenzen, sondern auch bei Dubslav, wie seine Ausführungen über die neue Errungenschaft des Telegramms zeigt:

> Es ist das mit dem Telegraphieren solche Sache, manches wird besser, aber manches wird auch schlechter, und die feinere Sitte leidet nun schon ganz gewiß. Schon die Form, die Abfassung. Kürze soll eine Tugend sein, aber sich kurz fassen, heißt meistens auch sich grob fassen. Jede Spur von Verbindlichkeit fällt fort, und das Wort >Herr< ist beispielsweise gar nicht mehr anzutreffen. Ich hatte mal einen Freund, der ganz ernsthaft versicherte: >Der häßlichste Mops sei der schönste<; so läßt sich jetzt beinahe sagen, >das gröbste Telegramm ist das feinste<. Wenigstens das in seiner Art vollendetste. Jeder, der wieder eine neue Fünfpfennigersparnis herausdoktert, ist ein Genie.[66]

Weite versus Enge

Der Roman spielt in der Nähe des Stechlin-Sees in der Grafschaft Ruppin im Schloß Stechlin, im Kloster Wutz (= Kloster Lidow) und Berlin.[67] Der Stechlin-See hat von Beginn an eine integrierende Rolle.[68] „Er ist der Mittelpunkt, um den sich alles dreht, und er ist gleichzeitig die Peripherie, die an allem Zentralen teilnimmt."[69]

---

[64] ebd.: S. 318
[65] ebd.: S. 31
[66] ebd.: S. 25 f.
[67] vgl. Aust, 1998: S. 178
[68] vlg. ebd.: S. 182
[69] ebd.: S. 182

„Alles still hier. Und doch, von Zeit zu Zeit wird es an eben dieser Stelle lebendig. Das ist, wenn es weit draußen in der Welt, sei's auf Island, sei's auf Java, zu rollen und zu grollen beginnt oder gar der Aschenregen der hawaiianischen Vulkane bis weit auf die Südsee hinausgetrieben wird. Dann regt sich's auch *hier*, und ein Wasserstrahl springt auf und sinkt wieder in die Tiefe."[70]

Auffallend ist, dass alle Ereignisse, anlässlich derer der rote Hahn aus dem See emporstieg und die konkret benannt werden, Naturkatastrophen (Vulkanausbrüche, Erdbeben) sind, und es sich dabei nicht um politische Ereignisse handelt.[71]

Der See steht also zusätzlich, obwohl er in der Enge beheimatet ist, mit der Weite in Verbindung indem er Leute aus der Weite anzieht. „Alle möglichen berühmten Naturforscher waren hier und haben sich höchst schmeichelhaft über den See geäußert."[72] Der Gegensatz Weite versus Enge zeigt sich auch im Aufbau des Romans. „Der provinzielle märkische Schauplatz wird durch den Gegenpol der Reichshauptstadt Berlin ergänzt."[73] Die Domina Adelheid von Stechlin, Dubslavs ältere Schwester, steht für das Alte und die Enge und damit in Opposition zu Melusine von Barby, die das Neue und die Weite symbolisiert. „Daß man sich gegenseitig nicht mochte, war der einen so gewiß wie der andern. Sie waren eben Antipoden: Stiftsdame und Weltdame, Wutz und Windsor, vor allem enge und weite Seele."[74] Adelheid ist wenig überraschend von der Absicht ihres Neffen, eine in London geborene Berlinerin zu heiraten nicht begeistert: „gib auch in dieser Frage die Heimat nicht auf, halte Dich, wenn es sein kann, an das Nächste."[75] - „heirate heimisch und heirate lutherisch"[76]

Dubslav Stechlin und Melusine von Barby

In den letzten beiden Erzählblöcken wird vom Tod des Dubslav Stechlin erzählt, welcher von Fontane als einer der Hauptinhalte des Buches angegeben wurde.[77]

---

[70] Fontane, 2011: S. 3
[71] vgl. Hädecke, 1998: S. 387
[72] Fontane, 2011: S. 312
[73] Norbert Mecklenburg: Theodor Fontane. Romankunst der Vielstimmigkeit. Frankfurt am Main: Suhrkamp, 1998. S. 290
[74] ebd.: 448
[75] Fontane, 2011: S. 185
[76] ebd.: S. 187
[77] vgl. ebd.

11

„Im Unterschied zu den vorangehenden Erzählblöcken steht hier [also nur] eine Figur, Dubslav von Stechlin, im Mittelpunkt, während die vorangehenden Teile ohne eine derartige Personenzentrierung auskommen. Bildlich veranschaulicht könnte man von einem in einzelne Segmente aufgegliederten Kreis sprechen, die mit ihrer Spitze auf den Mittelpunkt Dubslav hin geordnet sind."[78]

Der Tod kommt aber bereits von Romanbeginn an immer wieder zur Sprache. So finden sich bereits im ersten Kapitel Andeutungen des Niederganges.[79]

> Etliche hundert Jahre zurück stand hier ein wirkliches Schloß, ein Backsteinbau mit dicken Rundtürmen, aus welcher Zeit her auch noch der Graben stammt, der die von ihm durchschnittene, sich in den See hineinerstreckende Landzunge zu einer kleinen Insel machte. Das ging so bis in die Tage der Reformation. Während der Schwedenzeit aber wurde das alte Schloß niedergelegt, und man schien es seinem gänzlichen Verfall überlassen, bis kurz nach dem Regierungsantritt Friedrich Wilhelm I. die ganze Trümmermasse beiseite geschafft und ein Neubau beliebt wurde. Dieser Neubau war das Haus, das jetzt noch stand. Es hatte denselben nüchternen Charakter wie fast alles, was unter dem Soldatenkönig entstand, und war nichts weiter als ein einfaches Corps de logis, dessen zwei vorspringende, bis dich an den Graben reichende Seitenflügel ein Hufeisen und innerhalb desselben einen kahlen Vorhof bildeten, auf dem, als einziges Schmuckstück, eine große blanke Glaskugel sich präsentierte. Sonst sah man nichts als eine vor dem Hause sich hinziehende Rampe, von deren dem Hof zugekehrter Vorderwand der Kalk schon wieder abfiel.[80]

Dubslav stirbt binnen sechs Monaten an der Wassersucht. Als ausgebildeter Apotheker wusste Fontane über den Verlauf der Krankheit sowie ihre Behandlung bestens Bescheid. Diese war zu jener Zeit keine tödliche Krankheit mehr und Dubslavs Ableben ist darauf zurückzuführen, dass er in Bezug auf die Behandlung alles falsch macht.[81] Zahlreiche Interpreten deuten den Tod Dubslavs als symbolisches Sterben der Gesellschaftsschicht des Adels.[82]

In Bezug auf Dubslavs Tod ist außerdem zu erwähnen, dass das Melusinen-Thema, welches bis 1877 zurückverfolgt werden kann, in den Roman eingeflochten und ihr Selbstmord auf Dubslav übertragen wurde. Die Einflechtung des Melusinen-Themas zeigt sich bereits am Beginn der Romans durch die Tatsache, dass der Wasserliesch und die kranke Aloe im selben Blumenkübel auf der Rampe von Schloss Stechlin wachsen. Die Aloe steht mit

---

[78] Hasubek, 1998: S. 108
[79] vgl. Mecklenburg, 1998: S. 295
[80] Fontane, 2011: S. 4 f.
[81] vgl. Anderson, 1991: S. 253
[82] vgl. Mecklenburg, 1998: S. 287

ihren stacheligen, langen Blättern für den Stechlin, während der Wasserliesch symbolisch für die Nixe Melusine steht.[83] Kafitz liest die kranke Aloe als Zeichen der Décadence und sieht darin außerdem ein typisches Beispiel des Stils der Décadence im Sinne Nietzsches,[84] „da die starke Markierung des Zeichens eine Einzelheit über ihre Funktion im Romanganzen hinaus akzentuiert".[85] Dies sei als eine Überpointierung sowie Verrätselung für den Rezeptionsprozess zu verstehen.[86] Auch die Selbstmordhandlung der Melusine, die auf Dubslav übertragen wurde, zeigt sich symbolisch in einer Pflanze: der Digitalis. Im 28. Kapitel lehnt Melusine es ab, das Eis auf dem Stechlin aufzuhacken, da sie Angst hat, „eine Hand führe heraus und packte"[87] sie. „Aber ich bin zugleich auch abergläubisch und mag kein Eingreifen ins Elementare. Die Natur hat jetzt den See überdeckt; da wird ich mich also hüten, irgendwas ändern zu wollen."[88] Sie fürchtet sich also nicht vor dem roten Hahn, sondern vor einer Hand. Dubslav, der bezeichnenderweise an der Wassersucht stirbt, wird mit der Digitalis behandelt. Digitalis heißt „fingerbezogen". Er setzt die Behandlung durch Digitalistropfen aber ab und lässt sich stattdessen von der „Hexe" Buschen behandeln.[89] Der Hauptgrund dafür ist, dass er den neuen Arzt, Doktor Moscheles, ablehnt:

> „[...] ich mag ihn nicht. Es war eine Dummheit von Sponholz, sich gerade diesen auszusuchen, solchen Allerneuesten, der nach Sozialdemokratie schmeckt und dabei seinen Stock so sonderbar anfaßt, immer grad in der Mitte. Und dazu auch noch 'nen roten Schlips."
> „Es sind aber schwarze Käfer drin."
> „Ja, die sind drin, aber ganz kleine. Das machen sie so, damit es nicht jeder gleich merkt, wes Geistes Kind so einer ist und wohin er eigentlich gehört."[90]

Iriving deutet dies so, dass Dubslav von einer herausfahrenden Hand gepackt wird.[91] Renate Böschenstein liest außerdem die Tatsache, dass das Schlusswort des Romans von Melusine kommt, indem sie schreibt „es ist nicht nötig, daß die Stechline weiterleben, aber es lebe *der*

---

[83] vgl. ebd.: S. 260
[84] vgl. Dieter Kafitz: Theodor Fontanes Roman *Der Stechlin* aus der Perspektive des Décadence-Diskurses der 90er Jahre des 19. Jahrhunderts. In: Gabriele Radecke (Hrsg.): „Die Decadence ist da". Theodor Fontane und die Literatur der Jahrhundertwende. Beiträge zur Frühjahrstagung der Theodor Fontane Gesellschaft vom 24. bis 26. Mai 2001 in München. Würzburg: Königshausen & Neumann, 2002. S. 9-32. S. 20
[85] ebd.: S. 20
[86] vgl. ebd.: S. 20
[87] Fontane 2011, S. 313
[88] ebd.
[89] vgl. Anderson, 1991: S. 260 f.
[90] Fontane, 2011: S. 390 f.
[91] vgl. Anderson, 1991: S. 261

Stechlin"[92], als Nachdruck und Festigung der Verbindung des Stechlin-Symbols mit dem Melusinen-Motiv.[93]

Nach der Erstveröffentlichung erhielt Fontane ein begeistertes Telegramm mit folgendem Inhalt: „Hochverehrter Herr Doktor, [...] intensiv mit allen Ihren Menschen mitlebend, vor allem dem alten Freiherrn, am Schluße im Innersten erschüttert, danken wir Ihnen dafür, daß >Über Land und Meer< ein solches Werk veröffentlichen darf."[94]

Conrad Wandrey (1919) hingegen äußert in seiner Monographie „Theodor Fontane", dass er mit dem *Stechlin* wenig anfangen könne und attestiert Fontane nachlassende Schaffenskraft im hohen Alter.[95]

Die akademische Werkinterpretation kam nur zögernd in Gang.[96] Im Vergleich zu frühen Stimmen zum *Stechlin* ist seit den 1960er Jahren insbesondere das Interesse am „Politischen" im Roman gewachsen während zu Beginn die Beziehung zwischen Dubslav Stechlin und Theodor Fontane im Mittelpunkt stand. Dies mag nicht zuletzt dadurch begründet sein, dass die Veröffentlichung des Romans in Buchform zeitlich mit Fontanes Tod beinahe zusammenfiel.[97]

Im Gegensatz zu vielen seiner Zeitgenossen wie z.B. Otto Ludwig, der zu Lebzeiten sehr bekannt aber heute beinahe vergessen ist, ist Fontanes Ruhm im öffentlichen Ansehen seit 1945 stark angestiegen. Heute gilt er sowohl als Reformer literarischer Genres (z.B. Reisebuch), brillanter Briefeschreiber, wacher Kritiker des Kaiserreiches und als einer der größten deutschen Romanciers seines Jahrhunderts.[98]

---

[92] Fontane, 2011: S. 458
[93] vgl. Renate Böschenstein: Verborgene Facette. Studien zu Fontane. Würzburg: Königshausen & Neumann GmbH, 2006. (= Fontanea Bd. 3). S. 53
[94] Heinz Ohff: Theodor Fontane. Leben und Werk. München/Zürich: Piper, 1996. S. 418
[95] vgl. Müller-Seidel, 1992: S. 122
[96] vgl. Aust, 1998: S. 179
[97] vgl. Ulrich Fries/Hartmut Jaap: „Der Stechlin". Politikum in unserer Zeit oder Leibesgeschichte aus einem vergangenen Jahrhundert? In: Text + Kritik. Zeitschrift für Literatur (1989). Sonderbad. Theodor Fontane. S. 185-202. S. 185 f.
[98] vgl. Christian Grawe: Vorwort. In: Christian Grawe (Hrsg.): Interpretationen. Fontanes Novellen und Romane. Stuttgart: Philipp Reclam jun., 1991. S. 7-12. S. 7

Bibliographie

Primärquelle

Theodor Fontane: Der Stechlin. Stuttgart: Philipp Reclam jun., 2011.

Sekundärquellen

Paul Irving Anderson: *Der Stechlin*. Eine Quellenanalyse. In: Christian Grawe: Interpretationen. Fontanes Novellen und Romane. Stuttgart: Philipp Reclam jun., 1991. S. 243-274

Hugo Aust: Theodor Fontane. Ein Studienbuch. Tübingen und Basel: A. Francke Verlag, 1998.

Otto F. Best: Handbuch literarischer Fachbegriffe. Definitionen und Beispiele. Frankfurt am Main: Fischer Taschenbuch Verlag, 2004.

Renate Böschenstein: Verborgene Facette. Studien zu Fontane. Würzburg: Königshausen & Neumann GmbH, 2006. (= Fontanea Bd. 3).

Gisela Brude-Firnau: Beredtes Schweigen: Nichtverbalisierte Obrigkeitskritik in Theodor Fontanes *Stechlin*. In: Monatshefte. Vol. 77 (1985), No. 4, S. 460-468.

Gordon A. Craig. Über Fontane. München: C. H. Beck, 1997.

Ulrich Fries/Hartmut Jaap: „Der Stechlin". Politikum in unserer Zeit oder Leibesgeschichte aus einem vergangenen Jahrhundert? In: Text + Kritik. Zeitschrift für Literatur (1989). Sonderbad. Theodor Fontane. S. 185-202.

Christian Grawe: Vorwort. In: Christian Grawe (Hrsg.): Interpretationen. Fontanes Novellen und Romane. Stuttgart: Philipp Reclam jun., 1991. S. 7-12.

Wolfgang Hädecke: Theodor Fontane. Biographie. München/Wien: Carl Hanser, 1998.

Peter Hasubek: „… wer am meisten red't ist der reinste Mensch". Das Gespräch in Theodor Fontanes Roman „Der Stechlin". Berlin. Erich Schmidt, 1998 (= Philologische Studien und Quellen, H. 152).

Rudolf Helmstetter: Die Geburt des Realismus aus dem Dunst des Familienblattes. Fontane und die öffentlichkeitsgeschichtlichen Rahmenbedingungen des Poetischen Realismus. München: Wilhelm Flnk Verlag, 1997.

Benedikt Jeßing: Neuere deutsche Literaturgeschichte. Eine Einführung. 2., überarbeitete und erweiterte Auflage. Tübingen: Narr, 2014.

Dieter Kafitz: Theodor Fontanes Roman *Der Stechlin* aus der Perspektive des Décadence-Diskurses der 90er Jahre des 19. Jahrhunderts. In: Gabriele Radecke (Hrsg.): „Die Decadence ist da". Theodor Fontane und die Literatur der Jahrhundertwende. Beiträge zur Frühjahrstagung der Theodor Fontane Gesellschaft vom 24. bis 26. Mai 2001 in München. Würzburg: Königshausen & Neumann, 2002. S. 9-32.

Claudia Mauelshage: Vita Theodor Fontane. In: Text + Kritik. Zeitschrift für Literatur (1989). Sonderband. Theodor Fontane. S. 242-258.

Norbert Mecklenburg: Theodor Fontane. Romankunst der Vielstimmigkeit. Frankfurt am Main: Suhrkamp, 1998.

Eric Miller: Der Stechlinsee: Symbol und Struktur in Fontanes Altersroman. In: The Journal of English and Germanic Philology. Vol. 97 (1998), No. 3, S. 352-370.

Valentin Müller: Das Bild des Adels in Theodor Fontanes „Der Stechlin". Alpen-Adria-Universität Klagenfurt: Diplomarbeit, 1990.

Walter Müller-Seidel: Spätwerk und Alterskunst. Zum Ort Fontanes an der Schwelle zur Moderne. In: Evangelische Akademie Baden (Hg.): „Was hat nicht alles Platz in eines Menschen Herzen ...". Theodor Fontane und seine Zeit. Karlsruhe: Verlag Evangelischer Presseverband für Baden e.V., 1992. S. 120-151.

Heinz Ohff: Theodor Fontane. Leben und Werk. München/Zürich: Piper, 1996.

Christine Renz: Geglückte Rede. Zu Erzählstrukturen in Theodor Fontanes *Effi Briest, Frau Jenny Treibel* und *Der Stechlin*. München: Wilhelm Fink Verlag, 1999.

Reiner Ruffing: Deutsche Literaturgeschichte. München: Wilhelm Fink, 2013.

Birger Solheim: Zum Geschichtsdenken Theodor Fontanes und Thomas Manns oder Geschichtskritik in *Der Stechlin* und *Doktor Faustus*. Würzburg: Königshausen & Neumann, 2004.